CATALOGUE

D'UNE COLLECTION

DE

BONS TABLEAUX

ANCIENS

DES ÉCOLES ITALIENNE, ESPAGNOLE, FLAMANDE,

HOLLANDAISE & FRANÇAISE

Provenant du Cabinet de M. le Comte de L. R..

DONT LA VENTE AUX ENCHÈRES PUBLIQUES AURA LIEU

HOTEL DES VENTES

Rue Drouot, 5, Salle n° 4, au 1er étage

LE SAMEDI 29 MARS 1856, HEURE DE MIDI.

Par le ministère de M° **DELBERGUE-CORMONT**, Commissaire-Priseur, rue de Provence, n. 8.

Assisté de M. **DHIOS** Fils, rue Saint-Georges, 31

EXPOSITION PUBLIQUE

Le Vendredi 28 Mars 1856, de midi à cinq heures

PARIS

MAULDE ET RENOU

IMPRIMEURS DE LA COMPAGNIE DES COMMISSAIRES-PRISEURS

Rue de Rivoli, 144.

1856

de la Richelées
Evrard
leblanc
Lemma
Thiou
d'alberque
primaill
innocent
Tessanda

CATALOGUE

D'UNE COLLECTION

DE

BONS TABLEAUX

ANCIENS

DES ÉCOLES ITALIENNE, ESPAGNOLE, FLAMANDE,

HOLLANDAISE & FRANÇAISE

Provenant du Cabinet de M. le Comte de L. R...

DONT LA VENTE AUX ENCHÈRES PUBLIQUES AURA LIEU

HOTEL DES VENTES

Rue Drouot, 5, Salle n° 4, au 1er étage

LE SAMEDI **29 MARS 1856**, HEURE DE MIDI.

Par le ministère de Me **DELBERGUE-CORMONT**, Commissaire-Priseur, rue de Provence, n. 8.
Assisté de M. **DHIOS** Fils, rue Saint-Georges, 31.

EXPOSITION PUBLIQUE

Le Vendredi 28 Mars 1856, de midi à cinq heures.

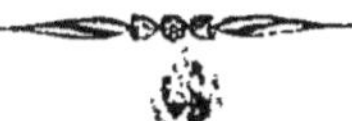

PARIS

MAULDE ET RENOU

IMPRIMEURS DE LA COMPAGNIE DES COMMISSAIRES-PRISEURS
Rue de Rivoli, 144.

1856

CONDITIONS DE LA VENTE.

Elle sera faite au comptant.

Les acquéreurs payeront cinq pour cent en sus des adjudications.

DÉSIGNATION

DES TABLEAUX

MURILLO (Genre de)

82 — 1 — Saint Jean-Baptiste et son Agneau.

SOLIMÈNE.

45 — 2 — Judith montrant au peuple la tête d'Holopherne.

MARATTE (CARLE).

25 — 3 — Le Baptême de Jésus-Christ.

TINTORET.

200 — 4 — Le Christ descendu de la Croix et soutenu par trois anges.

MOLA (F.).

18=90 — 5 — Agar dans le désert.

LEMOINE.

— 5 — Diane et Endymion.

LOUTHERBOURG.

— 7 — Passage d'un ruisseau par un troupeau.

LALLEMAND.

— 8 — Ruines d'architecture au bord de la mer.

ROBERT (Hubert).

— 9 — Riche habitation avec jardins traversés par une rivière.

KETLER.

— 10 — Paysage avec figures et animaux.

ÉCOLE HOLLANDAISE.

— 11 — Vue d'un port de mer. —

VAN BLOOMEN.

— 12 — Chevaux au pâturage. —

MOLA (F.).

— 13 — Sainte Famille. Repos en Égypte. —

SALVIOUSE et Jean MIEL.

— 14 — Riche palais au bord de la mer, orné de . . . es figures.

VAN DYCK (École de).

97 — 15 — La Vierge et l'enfant Jésus.

DU MÊME.

— 16 — Le Christ aux roseaux.

VIEN.

— 17 — Tête de vieillard.

VÉRONÈSE (ALEXANDRE).

— 18 — Enlèvement d'Orithye par Eole.

LECLERC (DES GOBELINS).

— 19 — Groupe de baigneuses.

DU MÊME.

— 20 — Pendant du précédent.

TÉNIERS (École de).

— 21 — Mendiant et sa femme.

POUSSIN (École de Nicolas).

— 22 — Enlèvement d'Orithye par Éole.

BOUCHER (FRANÇOIS).

— 23 — Apollon reçu par les nymphes à sa naissance.

BLANCHARD.

— 24 — Naissance d'Adonis.

LUCA GIORDANO.

— 25 — Triomphe d'Amphitrite.

CORNEILLE (Michel).

26 — Saint Jérôme.

EREMBERG et JEANSENS.

— 27 — Un festin dans un riche palais.

CARRACHE (École de).

— 28 — Martyre de saint André.

LAGRENÉE.

— 29 — Tullie faisant passer son char sur le corps d son père.

PORBUS (Genre de).

— 30 — La Cène.

SIRANI.

31 — Cléopâtre se donnant la mort.

COYPEL.

32 — Vertumne et Pomone.

LAJOUE.

33 — Attributs des sciences et des arts.

DU MÊME.

34 — Pendant du précédent.

FRANCK (F.).

35 — Le Repas du mauvais riche.

SÉGHERS (Gérard).

36 — Judith portant la tête d'Holopherne. Effet de lumière.

STEEN (Jean).

37 — Le gâteau des Rois. —

PATER.

38 — Fête champêtre. Belle composition.

VELASQUEZ (Attribué à).

39 — Portrait de Philippe IV.

ÉCOLE HOLLANDAISE.

40 — Portrait de femme à collerette.

ROCPEL (Signé).

41 — Réunion de fruits dans un paysage.

VAN GOYEN.

42 — Vue prise en Hollande.

RUISDAEL (Salomon).

43 — Marine. Vue de Hollande.

BOUCHER (École de).

44 — Groupe d'amours qui jouent avec des oiseaux.

RAOUX.

45 — Portrait d'une jeune femme qui tient un oiseau
à la main.

ROSE (de Tivoli).

46 — Patres gardant des chèvres dans des ruines.

ÉCOLE ALLEMANDE.

47 — Sainte Famille.

48 — Vue des bords du Rhin. Gouache.

49 — Pendant du précédent. Gouache.

ÉCOLE FRANÇAISE.

50 — Secours portés à un cavalier blessé.

ÉCOLE FLAMANDE.

51 — Le Bénédicité.

52 — Loth et ses Filles.

LINGHELBACK.

161 — 53 — Paysage avec figures et animaux.

OUDRY (JEAN-BAPTISTE).

91 — 54 — Chien et Canard.

RAOUX.

29 — 55 — Le Concert.

MARATTE (CARLE).

7-5 — 56 — Femme portant un crible.

OUDRY (JEAN-BAPTISTE).

9-5 — 57 — Chien couché.

MILLET (FRANCISQUE).

4f — 58 — Jésus et les Disciples allant à Émaüs. Paysage.

BEUCKELAER (JOACHIM).

49 — 59 — La Piscine miraculeuse.

JORDAENS (JACQUES).

20 — 60 — Mercure endormant Argus.

ÉCOLE FRANÇAISE.

— 61 — Portrait de François-Zenoble-Philippe d'Alber-
goti, lieutenant des armées du roi, 1711.

— 62 — Portrait du duc de Roquelaure.

BLOEMART (Abraham).

— 63 — Ajax se précipitant sur son épée.

CARRACHE (Louis).

— 64 — Sainte Marie l'Égyptienne.

TÉNIERS (École de David).

— 65 — Intérieur flamand.

RIGAUD (Attribué à).

— 66 — Portrait de Louis XIV.

VAN DYCK (École de).

— 67 — Le Christ en croix.

ROTHENAMER (Jean).

— 68 — La sainte Vierge adorant l'enfant Jésus.

EVERDINGEN (Allaert van).

— 69 — Sainte Madeleine priant dans la solitude.

VOUET (Simon).

— 70 — La Vierge et l'enfant Jésus.

SCALBERGE (Frédéric).

— 71 — Jonas avalé par la baleine.

TERBURGH (Gérard).

— 72 — Scène d'intérieur dans laquelle on remarque plusieurs personnes qui font de la musique.

ÉCOLE HOLLANDAISE.

— 73 — Vue d'un village.

HERREYNS (G.).

—74 — Sujets allégoriques sur l'histoire de Pépin et Clovis, rois de France. Dessins à l'encre de Chine.

TÉNIERS (David).

75 — Un Fumeur.

DU MÊME.

76 — Un Buveur.

JEANSENS.

77 — Intérieur. Composition de plusieurs figures.

FRAGONARD.

— 78 — Dans un intérieur, deux jeunes époux contemplent leur enfant qui dort dans un berceau.

PINACKER.

79 — Marine.

BARROCIO.

— 80 — Le Repos en Égypte.

GUIDE (École du).

— 81 — Diane entourée de ses Nymphes.

HUISSMANS.

82 — Paysage, site italien.

LÉPICIÉ.

— 83 — Une charmante jeune fille est couchée sur un lit, ses vêtements sont en désordre, elle semble dormir.

KALF.

— 84 — Nature morte.

CORRÉGE (École du).

— 85 — Vénus et l'Amour.

MOLA (F.).

86 — Saint Jérôme dans le désert.

DEHEEM.

87 — Nature morte.

DENNER (Genre de).

88 — Portrait de femme.

DIÉTRICH.

89 — Naufrage.

COYPEL.

90 — Bacchus et Arianne.

ÉCOLE FLAMANDE.

91 — Intérieur où l'on voit une famille; un enfant est effrayé par une oie.

POELEMBURG.

92 — Baigneuses.

BRAKENBURG.

93 — Scène galante dans un intérieur

PATER.

94 — Les Baigneuses. Tableau traité en esquisse.

WATTEAU (Genre de).

95 — Le Tireur de cartes.

RUISDAEL (Salomon).

96 — Marine. Vue de Hollande.

PORBUS (Genre de).

97 — Portrait du duc de Bourgogne.

BRAMER (Léonard).

98 — Un Philosophe.

TÉNIERS (Genre de).

99 — Trois hommes font la conversation dans une écurie.

OMMÉGANK (Genre de).

100 — Pâtre gardant des vaches.

ÉCOLE FLAMANDE.

101 — Enfance de Bacchus.

ÉCOLE HOLLANDAISE.

102 — La Consultation.

GOUARDI (Genre de).

—103 — Vue de Venise.

COLIN.

—104 — L'Apothéose de Napoléon.

- 105 — Sous ce numéro les articles omis.

Maulde et Renou, Imprimeurs de la Compagnie des Commissaires-Priseurs
rue de Rivoli, 144.